Erik
SATIE

Sept Gnossiennes

SEVEN GNOSSIENNES

Collection Archives Erik Satie

PIANO / KLAVIER

SALABERT

Introduction par Ornella Volta...I
Introduction by Ornella Volta

La 7ᵉ Gnossienne : note éditoriale par Gérald Hugon IX
7th Gnossienne: Editorial note by Gérald Hugon

Erik Satie, Trois Gnossiennes 1
Erik Satie, Three Gnossiennes

nº 1..2

nº 2..4

nº 3..6

Erik Satie, [4ᵉ Gnossienne]...10
Erik Satie, [4th Gnossienne]

Erik Satie, [5ᵉ] Gnossienne...13
Erik Satie, [5th] Gnossienne

Erik Satie, [6ᵉ] Gnossienne...16
Erik Satie, [6th] Gnossienne

Erik Satie, [7ᵉ] Gnossienne...18
Erik Satie, [7th] Gnossienne

Collection
Archives Erik Satie
œuvres inédites, posthumes et éditions révisées
sous la direction d'Ornella Volta et de Gérald Hugon

Chœur des marins
pour ténor, chœur d'hommes et piano
EAS 19336

Deux œuvres pour violon et piano
Choses vues à droite & à gauche (sans lunettes)
Embarquement pour Cythère
EAS 19339X

La Statue retrouvée, divertissement
pour trompette en ut et orgue (ou piano)
EAS 19337X

Musiques d'ameublement
pour petit ensemble
EAS 17141X

Neuf Chansons de cabaret et de caf'conc'
Pour voix et piano
Un Dîner à l'Élysée, Le Veuf, Petit Recueil des fêtes (Le Picador est mort,
Sorcière, Enfant-martyre, Air fantôme), Imperial-Oxford, J'avais un ami,
La Chemise)
EAS 19350

Parade
Ballet réaliste en un tableau
pour piano à quatre mains
édition intégrale avec deux morceaux posthumes
RL 10431N

Sept Gnossiennes
pour piano
EAS 19968

The Dreamy Fish (Le Poisson rêveur)
The Angora Ox (Le Bœuf angora)
pour piano
EAS 19356

Trois Pièces
pour piano
Allegro, Modéré, Verset laïque et somptueux
EAS 19351/52/53

Introduction

Les sept Gnossiennes d'Erik Satie

Le *mode gnossien* est le seul de son œuvre (en règle générale caractérisé par un renouvellement perpétuel) sur lequel Erik Satie soit revenu à longueur d'années. Inspiré au départ par les «musiques bizarres» découvertes à l'Exposition Universelle de 1889,[1] ce mode lui a suggéré six variations différentes durant les huit années qui ont suivi.

Au moment où l'occasion de publier s'est présentée, notre compositeur a cependant brouillé les cartes, en ne se concentrant que sur trois de ces variations, qu'il a éditées séparément, avant de les agencer dans un triptyque. Tout en négligeant à jamais trois autres *Gnossiennes* (dont la première et la dernière composées, qui comptent pourtant parmi les plus attachantes), le compositeur n'a utilisé la septième œuvre conçue dans ce mode que pour l'intégrer, d'abord, à la «suite harmonique», *Le Fils des Étoiles*, puis à *Trois Morceaux en forme de poire*, dans une transcription pour piano à quatre mains.

Quoique on lui ait constaté une affinité avec des airs de danse roumains, et en particulier avec celui, intitulé *Corabiascà*, que le compositeur et musicologue Benedictus avait reproduit dans son recueil de 1889[2] – affinité qui anticipait de quelques décennies les emprunts au folklore de Bartók et d'Enesco[3] –, le mode gnossien adopté par Satie témoigne d'une originalité toute à lui. Redite de mélismes identiques sur un accompagnement de rythme uniforme, il nous plonge dans une atmosphère sonore intemporelle et immobile, jusqu'alors inconnue en Occident.

Face à cette «musique stagnante aux transitions imperceptibles, semblable aux nappes d'eau dont les jeux du soleil et de la brise animent d'un léger friselis les moires paresseuses», Alfred Cortot – tout en ne se privant pas d'exprimer les réserves que son époque attendait de lui face à la soi-disant simplicité du procédé – a écrit que l'«on ne peut s'empêcher de partager le plaisir quasi hypnotique du musicien, répétant pour lui-même, et sans s'en lasser, la même phrase qui flatte son oreille, comme d'un Oriental qui respire, de minute en minute, le captivant parfum d'une rose qui s'effeuille.»[4]

Jean-Joël Barbier a été frappé, lui, par cette «musique de silence (...) dont on aimerait pouvoir parler en se taisant.»[5]

***

Quant au titre, *Gnossienne*, attribué par le compositeur – à une exception près – à toute pièce conçue dans ce mode, aucune explication satisfaisante n'a été trouvée jusqu'ici.

The seven Gnossiennes of Erik Satie

The *gnossian style* is the only one in his output to which Erik Satie returned over the years, his music otherwise being characterized by perpetual renewal. Initially inspired by the "bizarre kinds of music" discovered at the Universal Exhibition of 1889,[1] this style inspired in him, at various times over the next eight years, six different variations.

However, just when he had the opportunity to publish, our composer muddied the waters by concentrating on only three of these variations, publishing them separately before putting them together as a triptych. While thereafter permanently neglecting the other three *Gnossiennes* (including the first and last to be composed, which are among the most attractive), the composer only used the seventh piece in this style to insert it, first into the "harmonic suite" *Le Fils des Étoiles*, and then into *Trois Morceaux en forme de poire*, in a transcription for piano four hands.

Although an affinity has been found with Rumanian dance tunes and in particular with one entitled *Corabiascà* that the composer and musicologist Benedictus had reproduced in his 1889 album[2] (a likeness that anticipated by several decades the borrowings of Bartók and Enesco from the folklore[3]), the gnossian style adopted by Satie reveals an originality unique to him. With its repeated, identical melismas over a uniform rhythmic accompaniment, Satie plunges us into a sound world that is timeless and immobile, something hitherto unknown in the West.

When Alfred Cortot came across this "stagnant music with imperceptible transitions, like sheets of water, the lazy shimmering of which is enlivened with a light babbling by the play of the sun and the soft wind", and although he did not fail to express the misgivings that the time expected of him given the so-called simplicity of the process, he wrote that "one cannot help but share the composer's almost hypnotic pleasure as he untiringly repeats to himself the same phrase that falls softly on the ear, like an Oriental who breathes, from one minute to the next, the captivating scent of a rose shedding its petals."[4]

Jean-Joël Barbier was struck by this "music of silence (...) one would like to talk about by saying nothing."[5]

***

The title, *Gnossienne*, attributed by the composer - with one exception - to every piece composed in this style, has not so far been satisfactorily explained.

Par référence aux *Gymnopédies* qui ont emprunté leur nom à une danse antique, on a supposé que ce titre évoquait une danse rituelle dans le labyrinthe de Cnossos, ancienne capitale de la Crète et que, selon le *Larousse Universel*, l'on orthographiait *Cnosse* ou *Gnosse*, au XIXᵉ siècle. Bien que les fouilles de l'archéologue Arthur Evans n'aient ramené ce site à l'actualité qu'autour de 1900, Satie aurait pu connaître ces danses, inventées par Dédale pour Ariane, par leur représentation dans l'*Iliade*, parmi les images gravées sur le bouclier d'Achille.

Seul problème, le mot *gnossienne* ne figure nulle part dans Homère, ni dans aucun dictionnaire chorégraphique. De plus, dans le labyrinthe du Minotaure, il n'aurait été question que d'une *danse de la grue* impliquant des sautillements sur une jambe que l'on voit mal s'accorder aux mélopées de Satie.

En anticipant un peu sur les penchants ésotériques de notre compositeur (qui ne vont se manifester en fait que plus tard, lors de sa rencontre avec les Rose+Croix), on a aussi opiné que cette monodie contemplative aurait pu se vouloir propice à la connaissance suprême des mystères religieux, définie par la *Gnose*.

Léon Guichard a suggéré, lui, de consulter les anciens traités d'astronomie, *Étoile gnossienne* ayant été autrefois le nom de cet astre de la constellation de la Couronne qui est appelé aujourd'hui : *Couronne d'Ariane*.[6]

De là à évoquer les Pythagoriciens et la musique des sphères, il n'y a qu'un pas... que nous ne franchirons pas.

***

Lors de la première publication de *Deux Gnossiennes* dans le *Figaro musical*, en septembre 1893, Athos, l'éditorialiste de cette revue, n'avait pu s'empêcher de faire part à ses lecteurs de son étonnement face à l'absence de barres de mesure dans ces partitions, situées pourtant, bien à propos, dans la rubrique «Variétés et Curiosités musicales»:

«...Puisque nous sommes sur le chapitre de la mesure, signalons à nos lecteurs les morceaux de M. Erik Satie. C'est plus simple chez lui: il n'y a pas de mesure du tout! Cela commence et cela finit...quand c'est fini. Il paraît que dans les âges à venir nous en serons là. Comme il est fort probable que notre génération présente ne sera plus en vie alors, point n'est besoin de nous inquiéter de cette réforme pour le moment...»[7]

Athos évidemment ne savait pas que Satie avait déjà introduit cette innovation (comparable à l'absence de ponctuation que vont proposer quelques lustres plus tard, dans leurs poèmes, Blaise Cendrars et Apollinaire) dans la mélodie *Sylvie*, publiée aux éditions de son père, Alfred Satie, en 1887.

***

From a comparison with the *Gymnopédies*, which took their name from an ancient dance, it has been supposed that the title referred to a ritualistic dance in the labyrinth of Knossos, the ancient capital of Crete, that, according to the *Larousse Universel*, was spelled 'Cnosse' or 'Gnosse' in nineteenth-century France. Although the excavations of the archeologist Arthur Evans made this site topical around 1900, Satie might have been aware of these dances, invented by Dædalus for Ariadne, from their portrayal in the *Iliad* among the images engraved on the shield of Achilles.

The problem is that the word *gnossienne* appears nowhere in Homer, nor in any choreographic dictionary. Moreover, in the labyrinth of the Minotaur, there would have been no question of anything other than a *dance of the crane*, implying hopping on one leg, something that does not fit in with Satie's melopœia.

Anticipating somewhat the esoteric tendencies of our composer (which in fact only manifested themselves later, during his encounters with the Rose Cross), it has also been suggested that this contemplative monody might have been intended as a pathway to the supreme knowledge of religious mysteries as defined by the Gnosis.

Léon Guichard suggested consulting the ancient astronomy treatises, *Étoile gnossienne* having formerly been the name of a star in the constellation of Corona that is today in French called Ariadne's Crown.[6]

From this to the Pythagoreans and the music of the spheres is but a step... that we shall not take.

***

On the first publication of the *Deux Gnossiennes* in the *Figaro Musical*, in September 1893, Athos, the periodical's leader writer, could not prevent himself from expressing to his readers his astonishment at the absence of bar-lines in these scores, and they appeared, quite appropriately, in the rubric "Miscellaneous and musical Curiosities":

"...Since we are on the subject of the bar, we must draw our readers' attention to the pieces of M. Erik Satie. With him things are simple: there are no bars at all! It starts and it finishes... when it is finished. It appears that this is what is to be in the ages to come. As it is highly probable that our present generation will not then be around, there is no need to bother ourselves with this reform for the moment..."[7]

Athos apparently did not know that Satie had already introduced this innovation (comparable with the absence of punctuation that Blaise Cendrars and Apollinaire were to practise in their poems some years later) in the song *Sylvie*, released by the publishing house of his father, Alfred Satie, in 1887.

***

On rattache aussi, d'habitude, aux *Gnossiennes*, une autre initiative de notre compositeur, celle de « personnaliser » ses indications de jeu. Ce n'est pas complètement faux, mais cela mérite d'être nuancé.

C'est en effet pour une *Gnossienne* – d'abord comptabilisée comme la 6ᵉ pièce de ce titre, selon l'ordre dans lequel elles ont été composées, mais qui prendra le n°2 dans la première édition en recueil[8] – qu'en avril 1893, Satie a remplacé pour la première fois les indications de jeu conventionnellement formulées en langue italienne – *allegro, andante, vivace...* – par des expressions de son cru : *Avec étonnement* ; *Plus intimement* ; *Avec une légère humilité* ; visant à orienter, plutôt que la technique du virtuose, l'état d'esprit de l'interprète.

Il prolongera plus tard cette expérience jusqu'à accompagner ses compositions de courts récits fantaisistes qu'il interdit cependant de lire à haute voix pendant l'exécution musicale car, a-t-il précisé, « ils doivent demeurer un secret entre le pianiste et moi. »

Ce n'est que dans les *Trois Gnossiennes* éditées par Rouart, Lerolle & Cie, en janvier 1913, que les deux autres pièces qui viendront compléter le triptyque à cette occasion (après avoir formé un simple duo lors de leur première publication en revue[9]) apparaîtront dotées d'indications de jeu personnalisées, elles aussi.

Ces indications complémentaires n'ont été d'ailleurs rajoutées qu'au dernier moment, de même que la date « 1890 », qui ne correspondait en fait qu'à la *Gnossienne n° 3*, mais qui a été finalement étendue aux deux autres pièces par souci d'homogénéité.

Malgré son caractère approximatif, cette date éloignée présentait en outre l'avantage de souligner le rôle de « précurseur » qu'aurait joué notre compositeur par ses œuvres de jeunesse, selon la thèse défendue à cette époque par Ravel.[10] Elle a cependant induit en erreur de nombreux musicologues qui ont cru pouvoir faire remonter, par conséquent, à cette même année les premières indications de jeu personnalisées d'Erik Satie.

***

Après la mort du compositeur, ses papiers ont subi un sort mouvementé. Sauf quelques bribes, distribuées aux amis les plus dévoués, son frère Conrad Satie a gardé chez lui l'essentiel des écrits à caractère littéraire et des dessins et graphismes (détruits plus tard, semble-t-il, par des inconnus), en confiant à Darius Milhaud, en revanche, tout ce qui concernait l'œuvre musicale.

Milhaud a commencé par éditer, chez Rouart, Lerolle et chez Universal Edition à Vienne, les pièces qui lui paraissaient les plus accomplies, pour déposer ensuite une partie de ce qui restait à la bibliothèque du Conservatoire national de musique. Quittant la France pour les États Unis à la veille de la Seconde Guerre

---

With the *Gnossiennes* one usually associates another of our composer's innovations, that of the 'personalization' of the performance indications. Though not completely erroneous, this link has to be qualified.

It was indeed in a *Gnossienne* – first counted as the sixth piece with this title, following the order of composition, though it was given the number 2 in the first edition in an album[8] – that in April 1893 Satie for the first time replaced the performance indications given by convention in Italian (*allegro, andante, vivace*, etc.) by expressions of his own invention: *with astonishment; more intimately; with slight humility*, aiming to guide the state of mind of the performer rather than the technique of the virtuoso.

He later extended this experiment to the point of accompanying his compositions with short, whimsical narratives, though he forbad their being read aloud during performance for, as he expressly mentioned, "they must remain a secret between the pianist and myself."

It was only with the *Trois Gnossiennes* published by Rouart, Lerolle & Cie in January 1913 that the two other pieces, which completed the triptych on this occasion (after having formed a mere pair on their first publication in a periodical[9]), also appeared with personalized performance indications.

These complementary indications were, moreover, only added at the last moment, as was the date "1890". This date in fact corresponds solely to the *Gnossienne n° 3*, but it was in the end extended to the other two pieces from a desire for uniformity.

Despite its approximate character, this distant date also had the advantage of underlining the role of 'precursor' that our composer played in his earlier works, according to the thesis championed at this time by Ravel.[10] It has, however, led many musicologists in error who had thought they could push back to this date Satie's first personalized performance indications.

***

After the composer's death, his papers met with an unsettled fate. Apart from a few fragments distributed to his most devoted friends, his brother Conrad kept to himself the main body of Satie's literary writings as well as the drawings and graphics (later destroyed, apparently, by persons unknown), entrusting Darius Milhaud with everything that concerned his musical output.

Milhaud first published, with Rouart, Lerolle and Universal Edition in Vienna, the pieces that seemed to him to be the most accomplished, subsequently depositing part of what remained in the library of the Paris Conservatory. Leaving France for the USA at the approach of the Second World War, he took with him

mondiale, il emporta par contre avec lui ce qu'il n'avait pas encore eu le temps d'examiner jusque-là. Cédés ensuite à des mécènes américains – le couple Robert et Mildred Woods-Bliss –, ces derniers papiers sont conservés aujourd'hui par l'Université de Harvard.

Le fonds Satie qui se trouvait depuis 1939 au Conservatoire national de musique a été transféré en 1966 à la Bibliothèque nationale, lors de l'exposition organisée par le conservateur François Lesure pour célébrer le centenaire de la naissance du compositeur. [11]

Découvrant par cette exposition l'existence dans ce fonds de pépites inespérées, le compositeur Robert Caby, qui s'était lié avec Satie dans les derniers mois de sa vie, décida de se consacrer désormais à l'édition de son œuvre posthume.

***

Trois *Gnossiennes* inédites se sont ainsi trouvées parmi les premières récoltes de sa chasse au trésor, prises aussitôt en compte par les éditions Salabert, successeurs de Rouart, Lerolle & Cie, sous les titres *4ᵉ*, *5ᵉ* et *6ᵉ Gnossiennes*.

Une septième *Gnossienne*, composée avant la fin de l'année 1891 et dont Satie avait lui-même révélé l'existence tout en l'incorporant dans d'autres œuvres, [12] est publiée séparément pour la première fois dans la présente édition. [13]

Chronologie

Pour ceux qui s'intéresseraient à l'évolution du mode gnossien au cours des huit années pendant lesquelles Erik Satie l'a pratiqué – évolution qui ne correspond pas à la numérotation que, par la force des choses, les éditeurs ont été obligés d'adopter au fur et à mesure, nous rétablissons ici de suite la chronologie selon laquelle les sept *Gnossiennes* ont été composées.

I. **« 8 juillet 1889 »**. Erik Satie compose une pièce, intitulée *Gnossienne*, dont le manuscrit, signé et daté, est conservé à la Bibliothèque Nationale de France. [14] Cette pièce, qui est notée avec des barres de mesure conventionnelles et qui ne présente pas d'indications de jeu personnalisées, ne sera publiée qu'en 1968, par Salabert, sous le titre: *5ᵉ Gnossienne*. [15]

II. **1890**. Une *Gnossienne* dont le manuscrit a été perdu et que Satie a d'abord publiée, sans la dater, dans le *Figaro Musical* de septembre 1893, sous le titre: *Gnossienne nᵒ 2*, a été éditée, en 1913, dans le triptyque établi, chez Rouart, Lerolle & Cie, par le compositeur lui-même, sous le titre: *Gnossienne*

everything he had not so far had the chance to examine. Later given to the American patrons Robert and Mildred Woods-Bliss, these latter papers are today conserved by Harvard University.

The Satie archive that since 1939 had been with the Paris Conservatory was transferred in 1966 to the Bibliothèque Nationale on the occasion of an exhibition organized by the curator François Lesure to celebrate the centenary of the composer's birth. [11]

Discovering at this exhibition the existence in the archive of unhoped-for nuggets, the composer Robert Caby, who had been friendly with Satie in the final months of his life, decided to devote himself from then on to the publication of his posthumous works.

***

Three unpublished *Gnossiennes* were thus found among the first fruits of Caby's treasure hunt, and were immediately released by Salabert, the successor to Rouart, Lerolle & Cie, under the titles *4th*, *5th* and *6th Gnossiennes*.

A seventh *Gnossienne*, composed before the end of 1891, the existence of which had been revealed by Satie himself although he in fact incorporated it into other works, [12] is being published separately for the first time in the present edition. [13]

Chronology

For those who are interested in the evolution of the gnossian style over the eight years when Erik Satie practised it (an evolution that does not correspond to the numbering, which, inevitably, the publishers have been obliged to adopt over the years), we re-establish the chronological order of the composition of the seven *Gnossiennes*.

I. **"8 July 1889"**. Erik Satie composes a piece entitled *Gnossienne*, the manuscript of which, signed and dated, is conserved in the Bibliothèque Nationale de France. [14] This piece, which is notated with conventional bar-lines and which does not contain any personalized performance indications, was not published until 1968, by Salabert, under the title *5th Gnossienne*. [15]

II. **1890**. A *Gnossienne*, the manuscript of which has been lost and that Satie first published, without dating it, in the *Figaro Musical* of September 1893 under the title *Gnossienne nᵒ 2*, was published by the composer himself in 1913 as part of the official triptych released by Rouart, Lerolle & Cie, under the

$n^o 3$, qui sera repris tel quel dans toutes les éditions ultérieures.

Dans les premières épreuves d'impression de cette première édition en volume, gravées le 28 août 1912, Satie a rajouté à ce titre, au crayon et entre parenthèses, la date : *(1890)*. [16]

Un début d'orchestration de cette *Gnossienne* figure d'autre part dans un carnet conservé à l'Université de Harvard, qui contient également une *Danse*, datée du « 5 décembre 1890 ». [17]

En effet, à moment donné, Satie avait eu l'intention, finalement non poursuivie, de grouper, sous le titre: *Gnossiennes*, « sept suites d'orchestre », ainsi qu'il l'a annoncé, parmi les œuvres qu'il prétendait avoir déjà réalisées, dans sa lettre de candidature au fauteuil d'Ernest Guiraud, adressée à l'Académie des Beaux-Arts, en juin 1892. [18]

Dans l'édition Rouart, Lerolle & Cie de 1913, la *Gnossienne $n^o 3$* est agrémentée pour la première fois d'indications de jeu personnalisées qui ne figuraient pas dans la publication du *Figaro musical* ni dans les premières épreuves d'impression de cette première édition en volume.

Ces indications ont donc été sans doute rajoutées dans un deuxième jeu d'épreuves qui ne nous est pas parvenu.

III. « 22 janvier 1891 ». Une pièce, ainsi datée, conçue selon le mode gnossien, mais ne comportant pas de titre, a été identifiée par Robert Caby dans le fonds Erik Satie de la Bibliothèque Nationale, [19] et publiée par Salabert, en 1968, sous le titre : *4ᵉ Gnossienne*. [20]

Erik Satie a signé cette pièce, ce qu'il ne faisait que lorsqu'il considérait ses compositions comme parfaitement achevées.

Quant aux indications de jeu, il s'est borné, ici, à recommander au tout début, au pianiste, un mouvement « lent ».

IV. (novembre-décembre ?) 1891. Dans le manuscrit de *Trois Morceaux en forme de poire*, établi en septembre 1903 pour piano à quatre mains, Satie a ajouté cette note en marge du premier volet, « Manière de Commencement » : « *Gnossienne* extraite du *'Fils des Étoiles'*. Fut composée en 1891 ». [21]

On retrouve, en effet, cette partition intégrée au premier acte de la musique de scène composée par Erik Satie pour la « pastorale kaldéenne » [22] du Sâr Péladan. Toutefois, seuls les trois préludes du *Fils des Étoiles* seront joués à la galerie Durand-Ruel, au printemps 1892, au cours des soirées de la Rose + Croix, auxquelles l'ensemble de cette œuvre avait été destinée.

title *Gnossienne $n^o 3$*. It is this numbering that has been reproduced in all subsequent editions.

In the first printer's proofs of this first grouped edition, engraved on 28 August 1912, Satie added to the title, in pencil and within parentheses, the date *(1890)*. [16]

A partial orchestration of this *Gnossienne* appears in a notebook conserved at Harvard University, which also contains a *Dance*, dated "5 December 1890". [17]

Indeed, at one point Satie had intended, though he later gave up the idea, to group "seven orchestral suites" under the title *Gnossiennes*. This he announced, along with other works he claimed to have already produced, in his letter of candidature for the chair of the late Ernest Guiraud, addressed to the Académie des Beaux-Arts in June 1892. [18]

In Rouart, Lerolle & Cie's 1913 edition the *Gnossienne $n^o 3$* is adorned for the first time with personalized performance indications that had not appeared in the *Figaro Musical* edition or in the first printer's proofs of this first grouped edition.

These indications were no doubt added in a second set of proofs that has not survived.

III. "22 January 1891". A piece bearing this date and composed in the gnossian style though without a title, was identified by Robert Caby in the Erik Satie archives of the Bibliothèque Nationale, [19] and published by Salabert in 1968 under the title *4th Gnossienne*. [20]

Erik Satie signed this piece, something he only did when he considered a work to be completely finished.

As for the performance indications, he limited himself here to recommending the pianist at the very start to play "slowly".

IV. (November-December?) 1891. In the manuscript of *Trois Morceaux en forme de poire*, written in September 1903 for piano four hands, Satie added this note in the margin of the first piece, "Manière de Commencement": "*Gnossienne* from *'Le Fils des Étoiles'*. Was composed in 1891". [21]

This score is indeed to be found in the first act of the incidental music composed by Erik Satie to the "Chaldæan Pastorale" [22] by Sâr Péladan. In fact, only the three preludes to *Le Fils des Étoiles* were played at the Evenings of the Rose Cross, galerie Durand-Ruel, in the spring of 1892.

La partition en question, qui ne comportait pas d'indications de jeu dans aucun des deux cas, est publiée séparément pour la première fois dans le présent recueil, sous le titre: *7ᵉ Gnossienne*.

V. **(1889 - 1893?)** Nous n'avons pas retrouvé le manuscrit de cette pièce, publiée pour la première fois dans le *Figaro musical*, en septembre 1893, puis reprise en volume, chez Rouart, Lerolle & Cie, en 1913, sous le titre : *Gnossienne nº 1*, dans les deux cas.

Sans pouvoir en préciser exactement la date, nous savons néanmoins que cette pièce doit forcément avoir précédé la *Gnossienne* que Satie a composée en avril 1893, en la qualifiant de *6ᵉ*. [23]

Dans cette dernière édition, Satie a rajouté à la *Gnossienne nº 1* des indications de jeu personnalisées et une dédicace au jeune Roland Manuel, avec qui il s'était lié d'amitié à partir de 1910.

VI. **« Paris, avril 1893 »**. Erik Satie a publié dans *Le Cœur*, nº 6-7, septembre-octobre 1893, page 12, le fac-similé du manuscrit autographe, aujourd'hui perdu, de sa *6ᵉ Gnossienne*, datée du mois d'avril de la même année et dédiée « à Antoine de La Rochefoucauld » (mécène de la revue *Le Cœur* et son ami personnel depuis leur rencontre aux Soirées de la Rose+Croix, ainsi que son futur portraitiste).

C'est dans cette pièce qu'apparaissent ses toutes premières indications personnalisées. En la reprenant en deuxième position dans le triptyque édité chez Rouart, Lerolle & Cie, en 1913, Satie lui a donné un nouveau titre : *Gnossienne nº 2*.

VII. **« Janvier 1897 »**. Satie a précisé cette date au bas du manuscrit de la dernière pièce qu'il a composée sous le titre : *Gnossienne* - pièce dûment signée, après avoir été enrichie d'indications de jeu personnalisées. [24]

Découverte par Robert Caby dans le fonds Satie de la Bibliothèque nationale, cette pièce a été publiée par Salabert, en 1968, sous le titre : *6ᵉ Gnossienne*. [25]

Pour ceux qui voudraient écouter les six *Gnossiennes* selon leur ordre de composition, signalons qu'elles ont été enregistrées, sous nos indications, dans cet ordre par Aldo Ciccolini, en 1987. [26]

Corollaire

Quoique la disposition par ordre chronologique soit d'un intérêt certain pour les chercheurs en général,

---

The score in question, which bears performance indications in neither of these two appearances, is being published separately for the first time in the present album under the title *7th Gnossienne*.

V. **(1889 - 1893?)** We have not found the manuscript of this piece, published for the first time in the *Figaro Musical* in September 1893, then reprinted in an album by Rouart, Lerolle & Cie in 1913. In both cases the title was *Gnossienne nº 1*.

Without being able to give the exact date, we do at least know that this piece must necessarily have preceded the *Gnossienne* that Satie composed in April 1893 with the attribution '6th'. [23]

In this latter edition, Satie added personalized performance indications to the *Gnossienne nº 1* as well as a dedication to the young Roland Manuel, whom he had befriended in 1910.

VI. **"Paris, April 1893"**. Erik Satie published in *Le Cœur* nᵒˢ 6-7, September-October 1893, page 12, the facsimile of the autograph manuscript, now lost, of his *6th Gnossienne*, dated April of that same year and dedicated "to Antoine de la Rochefoucauld" (the patron of the periodical *Le Cœur* and a great personal friend since their meeting at the Evenings of the Rose Cross who was to paint his portrait in 1894).

It is in this piece that the very first personalized performance indications appear. As it had second position in the triptych published by Rouart, Lerolle & Cie in 1913 Satie gave it a new title: *Gnossienne nº 2*.

VII. **"January 1897"**. Satie wrote this date at the foot of the manuscript of the last piece he composed with the title *Gnossienne* - a piece duly signed, after having been enriched with personalized performance indications. [24]

Discovered by Robert Caby in the Satie archives of the Bibliothèque Nationale, this piece was published by Salabert in 1968 under the title *6th Gnossienne*. [25]

For those who would like to listen to the six *Gnossiennes* in the chronological order of composition, note that this was done by Aldo Ciccolini in his 1987 recording, made following our indications. [26]

Remarks

Although the chronological layout is of interest to researchers in general and Satie scholars in particular,

et pour les exégètes d'Erik Satie en particulier, il conviendra cependant de privilégier, lors d'une exécution grand public, le choix et l'agencement du compositeur qui a fait des *Trois Gnossiennes* – les seules publiées de son vivant –, une œuvre indissociable et parfaitement accomplie.

Aussi, comme le conseille d'ailleurs, judicieusement, Jean-Joël Barbier,[27] il conviendra, dans un concert, isoler ce triptyque des autres pièces d'inspiration analogue, en l'entourant en revanche de compositions complètement différentes.

Quant aux *4e*, *5e*, *6e* et *7e Gnossiennes*, peu importe, finalement, l'ordre dans lequel elles seraient jouées bien que l'on aurait intérêt sans doute à ne pas les additionner les unes aux autres, afin de mieux savourer les particularités de chacune.

De même, l'auditeur d'un enregistrement sur CD les appréciera d'autant plus s'il prendra soin de se réserver, entre l'une et l'autre, tout au moins une plage de silence.

***

Les *Trois Gnossiennes* ont inspiré plusieurs grands chorégraphes dont Ted Shawn, l'un des pères fondateurs de la Modern Dance, Martha Graham et Frederick Ashton.[28] Elles ont été, toutes les trois, orchestrées par John Lanchbery, tandis que seule la *Gnossienne n°3* a été orchestrée par Francis Poulenc. Robert Caby s'est reservé, quant à lui, l'orchestration des *4e*, *5e* et *6e Gnossiennes.*[29]

Il y a eu également plusieurs transcriptions d'une partie, ou de l'ensemble, de cette série pour guitare, accordéon, flûte et harpe, ou saxophone soprano.

Ornella Volta

one should make a point of indicating, in a public performance, the composer's choice and layout of the *Trois Gnossiennes*. These were after all the only ones to be published during his lifetime, and they form an indivisible and perfectly accomplished work.

Therefore, as Jean-Joël Barbier has judiciously observed,[27] a concert performance should set this triptych apart from other pieces of similar inspiration, by surrounding it with entirely different compositions.

As for the *4th*, *5th*, *6th* and *7th Gnossiennes*, it matters little in the end in which order they are played, although it is no doubt of interest not to play them one after the other so as to increase appreciation of the particularities of each.

Similarly, anyone who listens to a CD recording will appreciate them much more if time is taken to reserve, between one and the next, at least one track of silence.

***

The *Trois Gnossiennes* have inspired several great choreographers, including Ted Shawn, one of the founding fathers of Modern Dance, Martha Graham and Frederick Ashton.[28] All three pieces have been orchestrated by John Lanchbery, while *Gnossienne n° 3* was orchestrated by Francis Poulenc. Robert Caby reserved for himself the orchestration of *4th*, *5th* and *6th Gnossiennes.*[29]

Several transcriptions have also been made of part or the whole of this series, for guitar, accordion, flute and harp, and soprano saxophone.

Ornella Volta
translated by Jeremy Drake

[1] Voir *Les Musiques Bizarres à l'Exposition*, recueillies et transcrites par Benedictus, Paris, G. Hartmann & Cie, 1889, et qui comprennent un choix de musiques et de danses javanaises, algériennes, persanes, tziganes, annamites, roumaines et japonaises.

[2] *Ibidem*, page 51, n° VI.

[3] Voir Vasile Tomescu, «À propos des relations musicales franco-roumaines», *Revue Internationale de Musique Française*, IIe année, 6 novembre 1981, numéro-dossier sur «L'exotisme musical français», pages 93-94.

[4] Alfred Cortot, "Le cas Erik Satie", *La Revue musicale*, XIX, 183, avril-mai 1938, repris dans A. Cortot, *La Musique française de piano (1930-1938)*, Paris, P.U.F., Quadrige, 1981, pages 708-709.

[5] Jean-Joël Barbier, *Au piano avec Erik Satie*, Paris, Librairie Séguier-Vagabondages, 1986, page 41.

[6] Léon Guichard, «À propos d'Erik Satie. Notules incohérentes», *Recherches et Travaux*, n° 7, Université de Grenoble, mars 1973, page 103.

[7] «Le Mois Musical» par Athos, *Figaro Musical*, III, 24, septembre 1893, page IV.

[8] Erik Satie, *Trois Gnossiennes*, Paris, Rouart, Lerolle & Cie, © 1913, n^{os} R.L. 9884, 9885, 9886 & Cie.

[9] *Figaro Musical*, op.cit., IIIe partie, «Variétés & Curiosités musicales», (...) Erik Satie, *Deux Gnossiennes*, pages 300-304.

[10] Au début des années 1910, Maurice Ravel présentait Erik Satie comme un «précurseur» de lui-même et de Claude Debussy, injustement négligé par la puissante Société Nationale de Musique Française. En fait, Ravel se servait de cet argument, entre autres, pour chercher à amoindrir l'influence de cette dernière, au bénéfice, en revanche, de la Société de Musique Indépendante qu'il venait, lui même, de contribuer à fonder.

[11] La première exposition monographique en France sur Erik Satie a été présentée par François Lesure à la Maison de l'Enfance d'Arcueil, puis au Département de la Musique de la Bibliothèque nationale, en mai et juin 1966.

[12] Voir infra, Chronologie, IV.

[13] Voir infra, page 18.

[14] Paris, Bibliothèque Nationale de France, Département de la Musique, Fonds Erik Satie: BNF, MS 10 054(1).

[15] Paris, Salabert, Musique contemporaine, 1968, M.C. 288.

[16] Voir le jeu d'épreuves corrigées par Satie: BNF, Rés.Vma 163.

[17] The Harvard University, The Houghton Library, Satie Papers, MS MUS 193 (92).

[18] Lettre au Secrétaire Perpétuel de l'Académie des Beaux-Arts, dans *Erik Satie, Correspondance presque complète*, réunie et présentée par O. Volta, Paris, Fayard-IMEC (2000), 2003, page 31.

[19] BNF, MS 10 051(2).

[20] Salabert, 1968, M.C. 287.

[21] Voir la page II du manuscrit autographe de *Trois Morceaux en forme de poire*, «septembre 1903», conservé à Paris, Bibliothèque-Musée de l'Opéra, Rés. 218. Cette note a été reprise dans l'édition Rouart, Lerolle & Cie (Paris, 1911, R. L. & Cie 9799) des *Trois Morceaux*.

[22] Voir le manuscrit autographe du *Fils des Étoiles*, «pastorale kaldéenne du Sâr Joséphin Péladan»: BNF, MS 10 052(1). Plus tard, cette «pastorale» sera définie par Péladan comme une «wagnérie», en hommage au chantre de Leipzig. Lors de la publication des trois préludes du *Fils des Étoiles* chez E. Baudoux, en 1896, Satie retiendra une fois pour toutes le sous-titre «wagnérie kaldéenne».

[23] Voir infra, Chronologie, VI.

[24] BNF, MS 10 054 (2).

[25] Salabert, 1968, M.C. 289.

[26] Erik Satie, *L'œuvre intégrale pour piano* par Aldo Ciccolini, 1987, EMI-Pathé Marconi, 270 30 11, PM 375.

[27] J.-J.Barbier, op.cit., page 47.

[28] Voir O.Volta, *Satie et la danse*, avec un témoignage de David Vaughan, Paris, Plume, 1992, pages 143 et 148.

[29] Toutes ces orchestrations sont disponibles chez Salabert.

[1] See *Les Musiques Bizarres à l'Exposition*, recueillies et transcrites par Benedictus, Paris, G. Hartmann & Cie, 1889, in which examples can be found of Javanese, Algerian, Persian, Gypsy, Annamite, Romanian and Japanese music and dance.

[2] *Ibidem*, page 51, no VI.

[3] See Vasile Tomescu, "À propos des relations musicales franco-roumaines", *Revue Internationale de Musique Française*, 2nd year, 6 November 1981, special number on "L'exotisme musical français", pages 93-94.

[4] Alfred Cortot, "Le cas Erik Satie", *La Revue musicale*, XIX, 183, April-May 1938, included in A. Cortot, *La Musique française de piano*, Paris, P.U.F., Quadrige, 1981, pages 708-709.

[5] Jean-Joël Barbier, *Au piano avec Erik Satie*, Paris, Librairie Séguier-Vagabondages, 1986, page 41.

[6] Léon Guichard, "À propos d'Erik Satie. Notules incohérentes", *Recherches et Travaux*, n° 7, Université de Grenoble, March 1973, page 103.

[7] "Le Mois Musical" by Athos, *Figaro Musical*, III, 24, September 1893, page IV.

[8] Erik Satie, *Trois Gnossiennes*, Paris, Rouart, Lerolle & Cie, © 1913, n^{os} R.L. 9884, 9885, 9886 & Cie.

[9] *Figaro Musical*, op. cit., 3rd part, "Variétés & Curiosités musicales", [...], Erik Satie, *Deux Gnossiennes*, pages 300-304.

[10] In the early 1910s Maurice Ravel presented Erik Satie as a "precursor" of himself and of Claude Debussy, unjustly neglected by the powerful Société Nationale de Musique Française. In fact, Ravel used this argument, along with others, with the intention of reducing the latter's influence in favour of the Société de Musique Indépendante which he had just helped to found.

[11] The first monographic exhibition in France on Erik Satie was organized by François Lesure at the Maison de l'Enfance in Arcueil, then at the Music Department of the Bibliothèque Nationale in May and June 1966.

[12] See infra, Chronology, IV.

[13] See infra, page 18.

[14] Paris, Bibliothèque Nationale de France, Music Department, Erik Satie Archive: BNF, MS 10 054(1).

[15] Paris, Salabert, Musique Contemporaine, 1968, M.C. 288.

[16] See the set of proofs corrected by Satie: BNF, Rés.Vma 163.

[17] Harvard University, The Houghton Library, Satie Papers, MS MUS 193 (92).

[18] Letter to the Permanent Secretary of the Académie des Beaux-Arts, in *Erik Satie, Correspondance presque complète*, edited by O. Volta, Paris, Fayard-IMEC (2000), 2003, page 31.

[19] BNF, MS 10 051(2).

[20] Salabert, 1968, M.C. 287.

[21] See page II of the autograph manuscript of *Trois Morceaux en forme de poire*, "September 1903", conserved in the Bibliothèque-Musée de l'Opéra, Paris, Rés. 218. This note was reproduced in the Rouart, Lerolle & Cie edition (Paris, 1911, R.L. & Cie 9799) of the *Trois Morceaux*.

[22] See the autograph manuscript of *Le Fils des Étoiles*, "Pastorale kaldéenne du Sâr Joséphin Péladan": BNF, MS 10 052(1). Later, this "pastorale" was to be defined by Péladan as a "wagnerie", in homage to the German composer. For the publication by E. Baudoux in 1896 of the three preludes to *Le Fils des Étoiles* Satie decided on the definitive subtitle 'wagnérie kaldéenne' ('Chaldean Wagnery').

[23] See infra, Chronology, VI.

[24] BNF, MS 10 054 (2).

[25] Salabert, 1968, M.C. 289.

[26] *Erik Satie, L'œuvre intégrale pour piano (Erik Satie's Complete Piano Works)* by Aldo Ciccolini, 1987, EMI-Pathé Marconi, 270 30 11, PM 375.

[27] Jean-Joël Barbier, *Au piano avec Erik Satie*, page 47.

[28] See O. Volta, *Satie et la danse*, remarks on Satie choreographers by David Vaughan, Paris, Plume, 1992, pages 143 and 148.

[29] All these orchestrations are available from Salabert.

La 7ᵉ Gnossienne : note éditoriale

Sources :

La musique de la *7ᵉ Gnossienne* d'Erik Satie nous est connue au travers de deux sources :
a) *Le Fils des Étoiles* (1891), partie finale de l'acte I, pour piano solo à deux mains ;
b) « Manière de commencement », extrait des *Trois Morceaux en forme de poire* (1903), pour piano à quatre mains, indiqué par Satie comme « 'Gnossienne' extraite du *Fils des Étoiles*, 1891 ».

Nous avons disposé pour établir la présente édition de trois documents :
a) le manuscrit autographe de la partition du *Fils des Étoiles* pour piano, BNF Cons Ms 10052 (1), resté inédit jusqu'en 1973 ;
b) l'édition du *Fils des Étoiles* publiée par Salabert en 1973 (E.A.S. 17100) et révisée par Robert Caby ;
c) l'édition Rouart, Lerolle & Cie (R.L. & Cⁱᵉ 9799) des *Trois Morceaux en forme de poire*, publiée en 1911 sous le contrôle d'Erik Satie.

Constat :

Il apparaît que le manuscrit du *Fils des Étoiles* BNF Cons Ms 10052 (1) ne comporte aucune nuance, ni aucune indication de phrasé pour la main droite.

Il existe une différence entre les deux versions dans l'indication métrique de la section introductive. Les six premières mesures à 3/4 de la 'Gnossienne' figurant dans le *Fils des Étoiles* ont été transformées par Satie en quatre mesures à 4/4 dans la version à quatre mains publiée sous le titre de « Manière de commencement ». Les trois mesures conclusives de « Manière de commencement » sont nouvelles et ouvrent sur le mouvement suivant des *Trois Morceaux en forme de poire*, intitulé « Prolongation du même ».

Le manuscrit du *Fils des Étoiles* présente, par deux fois, une indication ajoutée qui demande la répétition de trois mesures. Ces répétitions, probablement utiles dans une musique destinée à la représentation scénique, ont été abandonnées par Satie dans « Manière de commencement » des *Trois Morceaux en forme de poire*, œuvre destinée au concert, afin d'éviter toutes redites musicales superflues.

L'édition de la section qui correspond à la 'Gnossienne' dans le *Fils des Étoiles*, réalisée par Robert Caby, présente :

The 7th Gnossienne : editorial note

Sources :

The music of Erik Satie's *7ᵗʰ Gnossienne* is known to us from two sources:
a) Le *Fils des Étoiles* (1891), the final part of act I, for solo piano two hands;
b) 'Manière de commencement', from *Trois Morceaux en forme de poire* (1903), for piano four hands, indicated by Satie as being a "'Gnossienne' taken from *Le Fils des Étoiles*, 1891".

In establishing the present edition we have had at our disposal three documents:
a) the autograph manuscript of the score of *Le Fils des Étoiles* for piano, BNF Cons Ms 10052 (1), which was only published in 1973;
b) the edition of Le *Fils des Étoiles* published by Salabert in 1973 (E.A.S. 17100) and revised by Robert Caby;
c) the edition of Rouart, Lerolle & Cie (R.L. & Cie 9799) of *Trois Morceaux en forme de poire*, published in 1911 under Erik Satie's control.

Constat :

It appears that the manuscript of *Le Fils des Étoiles* BNF Cons Ms 10052 (1) includes neither dynamics nor phrasing for the right hand.

There is a difference between the two versions regarding the metre of the introductory section. The first six bars in 3/4 of the 'Gnossienne' in *Le Fils des Étoiles* were transformed by Satie into four bars in 4/4 in the four-hands version published under the title 'Manière de commencement'. The three concluding bars of 'Manière de commencement' are new and open out to the following movement of *Trois Morceaux en forme de poire*, entitled 'Prolongation du même'.

The manuscript of *Le Fils des Étoiles* twice presents an added indication requiring the repetition of three bars. These repetitions, useful probably in a stage work, were abandoned by Satie for 'Manière de commencement' in *Trois Morceaux en forme de poire*, a work intended for the concert hall, in order to avoid any musical superfluity.

The publication of the section corresponding to the 'Gnossienne' in *Le Fils des Étoiles*, edited by Robert Caby, presents:

a) des indications ajoutées par Robert Caby, absentes de la source autographe (indication métronomique, accents, articulations, des liaisons de phrasé dans l'introduction etc.).

b) des nuances pour la plupart déduites de l'édition Rouart, Lerolle de «Manière de commencement» des *Trois Morceaux en forme de poire* pour piano à quatre mains.
Les nuances choisies par Robert Caby pour la version piano solo diffèrent de celles indiquées par Satie dans la version piano à 4 mains des *Trois Morceaux en forme de poire*. L'ambitus des dynamiques dans l'édition Robert Caby du *Fils des Étoiles* se situe entre *pp* et *mf*. L'ambitus des dynamiques de «Manière de commencement» est beaucoup plus large et s'étend du *pppp* au *ff*.
La différence des intensités employées dans les deux versions est justifiée dans la mesure où la version piano deux mains possède un caractère plus intimiste tandis que celle pour piano à quatre mains, forcément plus spectaculaire en raison de la présence de deux exécutants, offre la possibilité de produire des contrastes plus prononcés dans la gradation des volumes sonores.

c) des indications de phrasé qui figurent dans la version ultérieure publiée par Rouart, Lerolle sous le titre «Manière de commencement» des *Trois Morceaux en forme de poire* pour piano à quatre mains.

Règle éditoriale :

Compte tenu de ces éléments, nous avons adopté les règles éditoriales suivantes :

1. Les répétitions des mesures 49-51 et 55-57, indiquées par une surcharge dans le manuscrit du *Fils des Étoiles* et éliminées par Satie dans «Manière de commencement» dans un souci de concision, ont aussi été abandonnées dans la présente édition de la *7e Gnossienne* à l'exemple de l'auteur, considérant les *Trois Morceaux en forme de poire* comme l'aboutissement définitif de la pensée musicale du compositeur, qu'il semble du point de vue artistique, totalement justifié de privilégier.

2. Toutes les indications de phrasé qui apparaissent dans la présente édition proviennent de «Manière de commencement» et ne sont pas mises entre crochets, car on peut estimer qu'elles sont conformes aux intentions musicales définitives de Satie.

a) indications added by Robert Caby that are absent from the autograph source (metronome indication, accents, articulations, ties in the introduction, etc.);

b) dynamics that are for the most part taken from the Rouart, Lerolle edition of 'Manière de commencement' in *Trois Morceaux en forme de poire* for piano four hands.
The dynamics selected by Robert Caby for the solo piano version are different from those indicated by Satie in the piano four hands version in *Trois Morceaux en forme de poire*. The dynamic range in Robert Caby's edition of Le *Fils des Étoiles* lies between *ppp* and *mf*. That in 'Manière de commencement' is much greater, running from *pppp* to *ff*.
The difference in the intensities used in the two versions is justified to the extent that the piano two hands version has a more intimate character, while that for piano four hands, inevitably more spectacular given the presence of two performers, offers the possibility of producing stronger contrasts within the continuum of sound volume.

c) indications of phrasing that appear in the later version published by Rouart, Lerolle under the title 'Manière de commencement' from *Trois Morceaux en forme de poire* for piano four hands.

Editorial rules:

In view of these elements, we have adopted the following editorial rules:

1. The repetitions of bb. 49-51 and 55-57, indicated by a superimposed correction in the manuscript of Le *Fils des Étoiles* and eliminated by Satie in 'Manière de commencement' for reasons of concision, have also been abandoned in the present edition of the *7th Gnossienne* following the composer's example, considering the *Trois Morceaux en forme de poire* as the definite outcome of the composer's musical thought processes, an approach that seems totally justified from an artistic point of view.

2. All the indications of phrasing appearing in the present edition come from 'Manière de commencement' and are not placed within square brackets, as they may be considered as conforming to Satie's definitive musical intentions.

3. Toutes les dynamiques de la *7e Gnossienne* qui figurent dans la présente publication, proviennent de l'édition du *Fils des Étoiles* par Robert Caby. Comme il ne s'agit pas d'indications de Satie et qu'elles sont utiles pour l'exécution de l'œuvre, elles apparaissent, dans l'édition, entre crochets. La suppression, par deux fois, de trois mesures répétées nous a conduit à abandonner mes. 49 et 55 les dynamiques proposées par Robert Caby dans le *Fils des Étoiles* et à adopter un rapport d'intensités conforme aux passages équivalents dans «Manière de commencement». La même règle a été appliquée, pour les dynamiques ajoutées aux mesures 41, 61, 80, qui manquaient chez Robert Caby et qui apparaissent essentielles à la progression musicale.
Toutes les nuances d'expression ajoutées sans crochets (soufflets de crescendo et de decrescendo) proviennent de «Manière de commencement».

4. Enfin, nous avons rétabli la juste position de l'écriture de la mes. 59 qui doit être notée à l'octave supérieure, nous appuyant sur le témoignage de Jane Bathori à Jean-Joël Barbier. Cette dernière avait joué – selon ses déclarations – «à peu près quarante-cinq fois avec Satie» les *Trois Morceaux en forme de poire* et relevait à cet endroit une faute d'impression, l'omission de l'*ottava*,[1] indication également oubliée par Robert Caby dans l'édition du *Fils des Étoiles* qui reproduit ici fidèlement le manuscrit de Satie. L'analyse attentive de la musique permet cependant, par analogie comparative, de confirmer l'assertion de Jane Bathori, car chaque fois que ce même motif reparaît dans la partition (mes. 13, 27, 69), il est effectivement bien situé à l'octave supérieure.

Gérald Hugon

---

3. All the dynamics in the *7th Gnossienne* appearing in the present publication come from Robert Caby's edition of *Le Fils des Étoiles*. Since these are not Satie's indications but are useful if the work is to be played at all, they appear in the edition between square brackets. The suppression, twice over, of three repeated bars led us to abandon in bb. 49 and 55 the dynamics suggested by Robert Caby in *Le Fils des Étoiles* and to adopt a scale of intensities that conforms with the equivalent passages in 'Manière de commencement'. The same rule has been applied with regard to the dynamics added to bars 41, 61, 80, which are lacking in Caby's edition and yet which appear essential for the musical progression.

All expressive indications added without square brackets (crescendo and decrescendo hairpins) come from 'Manière de commencement'.

4. Finally, we have re-established the correct position of the notes in b. 59, which should be written an octave higher. We base this judgement on the statement of Jane Bathori to Jean-Joël Barbier. She had played - as she declared - "about forty-five times with Satie" *Trois Morceaux en forme de poire*, and she pointed out at this spot a printing error, the omission of the *ottava* sign[1], an indication also neglected by Robert Caby in the edition of *Le Fils des Étoiles* that is a faithful reproduction of Satie's manuscript. An attentive analysis of the music makes it possible, by comparison and analogy, to confirm Jane Bathori's assertion, for each time this figure appears in the score (bb. 13, 27, 69), it is indeed placed at the upper octave.

Gérald Hugon
translated by Jeremy Drake

---

1 Jean-Joël Barbier, *Au piano avec Erik Satie*, Paris, Librairie Séguier-Vagabondages, 1986, page 93

1 Jean-Joël Barbier, *Au piano avec Erik Satie*, Paris, Librairie Séguier-Vagabondages, 1986, page 93

Trois Gnossiennes (1890)

nᵒ 1

[1890 - 1892 ?]

publiée pour la première fois dans
le *Figaro Musical*, nᵒ 24, septembre 1893.
À Roland Manuel [1913]

nᵒ 2

avril 1893

publiée pour la première fois dans
Le Cœur, nᵒ 6-7, septembre-octobre 1893,
sous le titre de *6ᵉ Gnossienne* et avec une
dédicace à Antoine de La Rochefoucauld,
non reprise en 1913.

nᵒ 3

1890

publiée pour la première fois dans
le *Figaro Musical*, nᵒ 24, septembre 1893,
sous le titre de *Gnossienne* nᵒ 2.

Three Gnossiennes (1890)

nᵒ 1

[1890 - 1892 ?]

published for the first time in
le *Figaro Musical*, nᵒ 24, September 1893.
To Roland Manuel [1913]

nᵒ 2

April 1893

published for the first time in
Le Cœur, nᵒ 6-7, September-October 1893,
under the title *6th Gnossienne* and with a
dedication to Antoine de La Rochefoucauld,
omitted in 1913.

nᵒ 3

1890

published for the first time in
le *Figaro Musical*, nᵒ 24, September 1893,
under the title, *Gnossienne* nᵒ 2.

Trois Gnossiennes

n° 1

Lent
Slowly

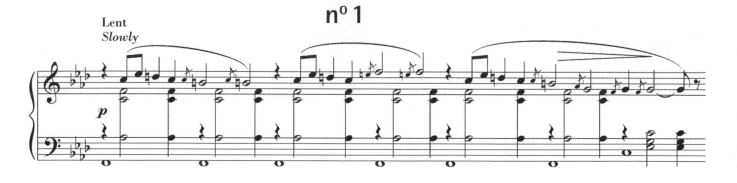

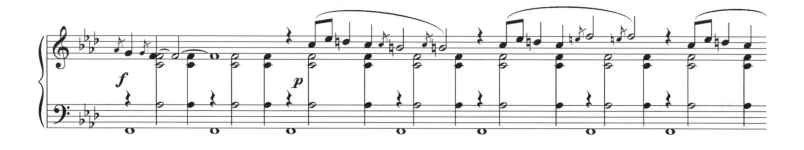

Très luisant
Very shining

Questionnez
Be interrogative

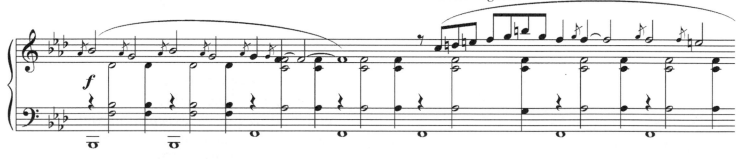

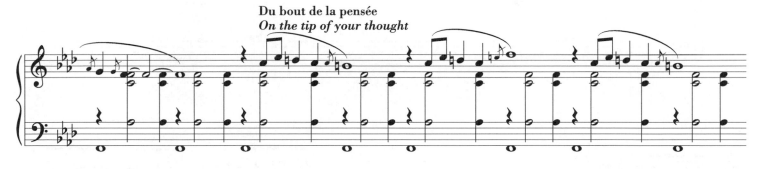

Du bout de la pensée
On the tip of your thought

Postulez en vous-même
Ask yourself

Pas à pas
Step by step

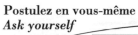

Sur la langue
On the tongue

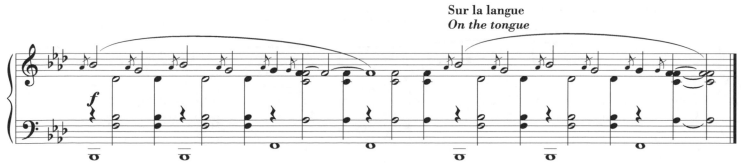

nº 2

Plus intimement
More intimately

Avec une légère humilité
With slight humility

Sans orgueil
Don't be proud

pp

n° 3

Lent
Slowly

Conseillez-vous soigneusement
Take counsel carefully with yourself

Munissez-vous de clairvoyance
Provide yourself with clairvoyance

Seul, pendant un instant
Alone, for a second

De manière à obtenir un creux
So as to obtain a hole

Très perdu
Very lost

Portez cela plus loin
Carry it further away

Ouvrez la tête
Open your head

Enfouissez le son
Bury the sound

EAS 19968

[4ᵉ Gnossienne]   22 janvier 1891

[5ᵉ] Gnossienne   8 juillet 1889

[6ᵉ] Gnossienne   janvier 1897

[7ᵉ] Gnossienne   [novembre-décembre 1891 ?]

[4th Gnossienne]   22 January 1891

[5th] Gnossienne   8 July 1889

[6th] Gnossienne   January 1897

[7th] Gnossienne   [November-Décember 1891 ?]

4e Gnossienne

Lent
Slowly

5ᵉ Gnossienne

6ᵉ Gnossienne

Avec conviction et avec une tristesse rigoureuse
With conviction and with rigorous sadness

Dans une saine supériorité
With healthy superiority

Hâve de corps
Gaunt

Savamment
Learnedly

7e Gnossienne

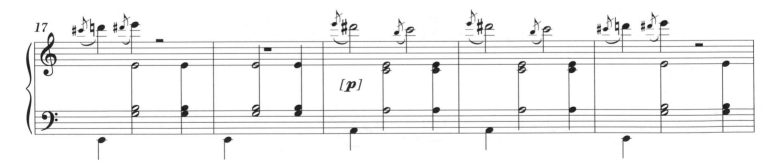